폭싹 속았수다

노랫말 필사집

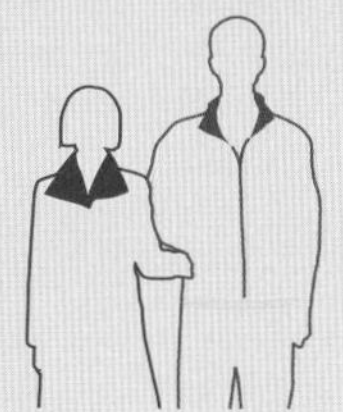

폭싹 속았수다

노랫말 필사집

1막
〈봄〉 1~4화

봄 _김정미 / 1화 오프닝 10

Yesterday _The Beatles / 1화 삽입곡 12

감격시대 _남인수 / 1화 삽입곡 14

나도 몰래 _양희은 / 1화 삽입곡 16

너의 의미 _산울림 / 2화 삽입곡 18

자아도취 _푸른하늘 / 2화 삽입곡 20

대머리 총각 _김상희 / 2화 삽입곡 22

바람 _김정미 / 2화 삽입곡 24

7일간 부산항 _정향 / 2화 삽입곡 26

소문났네 _김추자 / 3화 삽입곡 28

남성 넘버원 _박경원 / 3화 삽입곡 30

애애 _장덕 / 3화 삽입곡 32

당신의 모든 것을 _원플러스원 / 4화 삽입곡 34

선녀 _서유석 / 4화 삽입곡 36

2막
〈여름〉 5~8화

햇님 _김정미 / 5화 삽입곡 40

웃어주세요 _함중아 / 5화 삽입곡 42

행복을 주는 사람 _해바라기 / 6화 삽입곡 44

아침의 나라에서 _김연자 / 7화 삽입곡 46

단발머리 _조용필 / 7화 삽입곡 48

님과 함께 _남진 / 7화 삽입곡 50

Reality _Richard Sanderson / 7화 삽입곡 52

사랑밖엔 난 몰라 _심수봉 / 7화 삽입곡 56

둥지_ 남진 / 7화 삽입곡 58

스잔_ 김승진 / 7화 삽입곡 60

나 홀로 뜰 앞에서_ 김완선 / 7화 삽입곡 62

그때 그 사람_ 심수봉 / 7화 삽입곡 64

당신만이 _이치현과 벗님들 / 8화 삽입곡 66

나 어떡해 _샌드페블즈 / 8화 삽입곡 68

내 이름은 소녀 _조애희 / 8화 삽입곡 70

만리포 사랑 _박경원 / 8화 삽입곡 72

그대 없는 거리 _신촌블루스 / 8화 삽입곡 74

3막
〈가을〉 9화~12화

아니 벌써 _산울림 / 9화 삽입곡 78

소양강 처녀 _김태희 / 9화 삽입곡 80

Unchained Melody _Righteous Brothers / 9화 삽입곡 82

당신은 어디 있나요 _양수경 / 10화 삽입곡 84

바람아 멈추어다오 _이지연 / 10화 삽입곡 86

Emmanuelle _Pierre Bachelet / 10화 삽입곡 88

그녀를 만나는 곳 100M 전 _이상우 / 10화 삽입곡 92

당신 _김정수 / 11화 삽입곡 94

애모 _김수희 / 11화 삽입곡 96

내사랑 내곁에 _김현식 / 11화 삽입곡 98

찻잔 _노고지리 / 11화 삽입곡 100

귀로 _정미조 / 12화 삽입곡 102

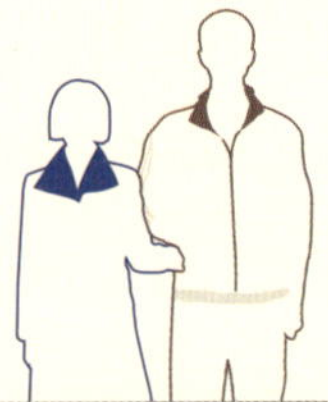

4막
⟨겨울⟩ 13~16화

소중한 너 _박선주 / 13화 삽입곡 106

We Are The Future _H.O.T. / 13화 삽입곡 108

행복 _H.O.T. / 13화 삽입곡 110

행복한 나를 _에코 / 13화 삽입곡 112

우리의 밤은 당신의 낮보다 아름답다 _코나 / 13화 삽입곡 114

널 사랑하겠어 _동물원 / 13화 삽입곡 116

놀아와요 부산항에 _조용필 / 13화 삽입곡 118

Love Love _비쥬 / 13화 삽입곡 120

미운 사람 _윤형주 / 14화 삽입곡 122

10 Minutes _이효리 / 15화 삽입곡 124

처음 그날처럼 _박용하 / 15화 삽입곡 126

일어나 _김광석 / 16화 삽입곡 128

Singin' In The Rain _Gene Kelly / 16화 삽입곡 130

뽀뽀뽀 / 16화 삽입곡 132

어머나! _장윤정 / 16화 삽입곡 134

잊어야 한다는 마음으로 _김광석 / 16화 삽입곡 136

나의 기타 이야기 _김광석 / 16화 삽입곡 138

혼자 남은 밤 _김광석 / 16화 삽입곡 140

어느 60대 노부부 이야기 _임영웅 / 16화 삽입곡 142

Special 산골 소년의 사랑이야기 _예민 144

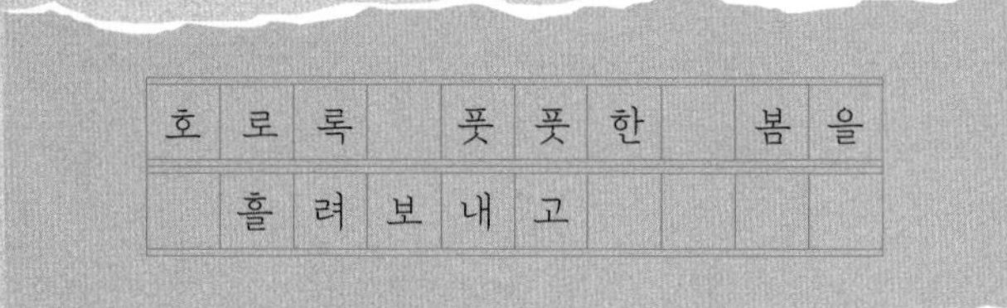
호로록 풋풋한 봄을
흘려보내고

1막

<봄> 1~4화

작사 신중현
앨범명 NOW
발매일 1973.11.01
음원 감상

빨갛게 꽃이 피는 곳 봄바람 불어서 오면

노랑나비 훨훨 날아서 그곳에 나래접누나

새파란 나뭇가지가 호수에 비추어지면

노랑새도 노래 부르며 물가에 놀고 있구나

나도 같이 떠가는 내 몸이여

저 산 넘어 넘어서 간다네

꽃밭을 헤치며 양 떼가 뛰노네

나도 달려 보네

저 산을 넘어서 흰 구름 떠가네

파란 바닷가에 높이 떠올라서

멀어져 돌아온다네

생각에 잠겨 있구나

봄바람 불어 오누나

그 얼마나 아름다운가

봄 봄 봄 봄 봄 봄이여

작사 Paul McCartney
앨범명 Help!
발매일 1965.08.06

Yesterday _The Beatles

폭싹 속았수다 노랫말 필사집

Yesterday, all my troubles seemed so far away	지난 날엔, 내 모든 문제들이 저 멀리 있는 것 같았는데
Now it looks as though they're here to stay	이제 그것들이 여기에 머무르려 하는 것 같아
Oh, I believe in yesterday	오, 난 지난 날을 믿었는데
Suddenly, I'm not half the man I used to be	갑자기, 난 예전의 반도 못 되는 사람이 되었어
There's a shadow hanging over me	내 머리 위로 그림자가 드리워져
Oh, yesterday came suddenly	지난 날이 갑자기 떠올라

Why she had to go?

I don't know, she wouldn't say

I said something wrong

Now I long for yesterday

Yesterday, love was such an easy game to play

Now I need a place to hide away

Oh, I believe in yesterday

그녀는 왜 떠나야만 했을까?

모르겠어, 그녀는 말하지 않았어

내가 뭔가 잘못 말한 걸까

이젠 지난 날이 그리워져

지난 날엔, 사랑은 마치 쉬운 게임 같았는데

이제 멀리 숨을 곳이 필요해

나는 지난 날을 믿었는데

감격시대 _남인수

작사 강사랑(강해인)
발매일 1939.04

음원 감상

거리는 부른다 환희에 빛나는

숨 쉬는 거리다

미풍은 속삭인다 불타는 눈동자

불러라 불러라 불러라 불러라

거리의 사랑아

휘파람 불며 가자 내일의 청춘아

바다는 부른다 정열이 넘치는

청춘의 바다여

깃발은 펄렁펄렁 바람세 좋구나

저어라 저어라 저어라 저어라

바다의 사랑아

희망봉 멀지 않다 행운의 뱃길아

잔디는 부른다 봄 향기 감도는

희망의 대지여

새파란 지평 천리 백마야 달려라

갈거나 갈거나 갈거나 갈거나

잔디의 사랑아

저 언덕 넘어가자 꽃 피는 마을로

나도 몰래 _양희은

작사 신중현
앨범명 당신의 꿈/나도 몰래
발매일 1972

음원 감상

나도 몰래 뛰는 가슴이여

나도 몰래 붉어진 내 얼굴

나도 몰래 약해진 마음

나도 몰래 그를 살짝 보네

어쩌다가 나는 이럴까

언제부터 나는 이럴까

다른 사람은 이렇지 않나 봐

나만 이렇게 되고 있나 봐

아무래도 이상하구려

너의 의미 _산울림

작사 김한영
앨범명 너의 의미
발매일 1984.07.20

음원 감상

너의 그 한 마디 말도 그 웃음도

나에겐 커다란 의미

너의 그 작은 눈빛도

쓸쓸한 그 뒷모습도 나에겐 힘겨운 약속

너의 모든 것은 내게로 와

풀리지 않는 수수께끼가 되네

슬픔은 간이역의 코스모스로 피고

스쳐 불어온 넌 향긋한 바람

나 이제 뭉게구름 위에 성을 짓고

널 향해 창을 내리 바람드는 창을

자아도취 _푸른하늘

작사 유영석
앨범명 푸른하늘 5집
발매일 1992.09.02

1화 삽입곡

못생긴 얼굴에 작은 키로

어쩜 넌 그 애를 좋아하니

끌리는 마음 이해하겠지만

넌 안돼 안돼

형은 뭐 잘났수 그 얼굴에

그 애와 나는 이미 통했는걸

모든 걸 양보해도 이번만은

난 안돼 안돼

세상일이 힘이 들 때마다

너와 난 서로가 말은 안 했지만

느낌으로 눈빛 하나만으로

서로 이해하며 웃음 지었는데

그까짓 사랑 유치한 감정에

이렇게 싸우는 건 맘에 안 들지만

포기 못해 이번만은

나 역시도 이번만은

양보할 순 없지

내가 예쁜 건 사실이겠지만

날 두고 서로 다투지는 마요

아직은 누구도 사랑할 생각

난 없어 없어

정말로 이럴 수는 없는 거야

날 사랑 않는다는 그 애의 말

나처럼 괜찮은 남자 세상에 없는데

없어

착각도 지나치면 우스워요

하지만 난 착하고 겸손한데

남들이 뭐라 해도 나는 정말 잘났어

나도 나 역시 나만

대머리 총각 _김상희

작사 진원
앨범명 정들자 이별/대머리 총각
발매일 1966

음원 감상

여덟 시 통근 길에 대머리 총각

오늘도 만나려나 떨리는 마음

시원한 대머리에 나이가 들어

행여나 장가갔나 근심하였죠

여덟 시 통근 길에 대머리 총각

내일도 만나려나 기다려지네

무심코 그를 따라 타고 본 전차

오가는 눈총 속에 싹트는 사랑

빨갛게 젖은 얼굴 부끄러움에

처녀 맘 아는 듯이 답하는 미소

여덟 시 통근 길에 대머리 총각

내일도 만나려나 기다려지네

작사 신중현
앨범명 NOW
발매일 1973.11.01

나뭇가지 사이에 바람 불어가면

어디선가 들리는 그대 목소리

저 산봉우리 위에 움직이고 있는

하얀 구름 속에는 그대 모습이 있네

바람같이 날아 아무도 몰래

그를 지켜보며 날아가고파

그대 모르게 그를 보고파

나만 사랑하는지 알고 싶구나

보이지 않는 바람과 같이

그대 모르게 지켜보고파

바람같이 날아 아무도 몰래

그를 지켜보며 날아가고파

7일간 부산항 _정향

작사 야인초
앨범명 월남소식 고향소식
발매일 1965
음원 감상

잘 있었나 오륙도 하와유 부산항

바다에 시달린 마도로스 가슴을

한 잔에 달래 보는 선술집이다

도크에 잠든 배는 7일간 수리

마셔라 마셔 마셔 노래하고 춤추자

남포동 거리

물 위에 뜬 등대불 깜빡이는 부산항

기나긴 뱃길에 마도로스 향수를

마음껏 풀어주는 고향이란다

돈이란 돌고 도는 항구의 풍속

달려라 달려 달려 해운대다 송도다

남포동 거리

작사 신중현
앨범명 김추자 드렉스 앨범명
발매일 1972.10.20

음원 감상

소문나게도 생겼지

한시도 나만 보면 쩔쩔매며

사람이 있건 사람이 없건

어쩔 줄 몰라

그렇게 하지를 말라고

남 몰래 사인해도 할 수 없네

어쩌면 좋아 어쩌면 좋아

소문이 났네

다시 만나지도 않으려고

약속하지도 않으면

또다시 보고파서

나도 몰래 찾아가 보네

소문나게도 생겼지

아무리 서로가 토라져도

또다시 만나 또다시 만나

소문이 났네

남성 넘버원 _박경원

작사 반야월
앨범명 박경원: 남성 NO.1/백설희: 보이프랜드
발매일 1958

음원 감상

유학을 하고 영어를 하고

박사 호 붙어야만 남자인가요

나라에 충성하고 정의에 살고

친구 간 의리 있고 인정 베풀고

남에겐 친절하고 겸손을 하고

이러한 남자래야 남성 넘버원

다방을 가고 영화를 보고

사교춤 추어야만 여자인가요

가난한 집안 살림 나라의 살림

알뜰히 살뜰히로 두루 살피며

때묻은 행주치마 정성이 어린

이러한 아낙네가 여성 넘버원

대학을 나와 벼슬을 하고

공명을 떨쳐야만 대장부인가

부모님 효도하고 공경을 하고

아내를 사랑하고 남편 위하고

귀여운 자녀교육 걱정을 하는

이러한 남녀래야 한국 남녀요

음원 감상

애애 _장덕

은하수를 타고 무지개를 건너

사랑하는 그대 꿈속으로 갈까

반짝이는 별을 모두 따다 줄까

귀 기울여봐요 사랑해 사랑해 너만을

애타는 나의 심정 그대

아는지 모르는지 몰라

온밤을 꼬박 새우면서

너만을 생각하는데

사랑하자 애애 만나보자 애애

오늘밤도 나는 그대를 그대를 생각해

당신의 모든 것을 _원플러스원

작사 박헌룡
앨범명 원플러스원(언덕에 서서/당신의 모든 것을)
발매일 1973.12.27

음원 감상

유리같이 맑은 아침처럼

이슬을 좋아하는 마음처럼

당신의 그 고운 눈을 사랑합니다

타오르는 붉은 햇살처럼

탐스러운 사과처럼

당신의 그 고운 볼을 사랑합니다

고요하고 깊은 가을밤에

귀뚜라미 울음처럼

당신의 그윽한 음성을 사랑합니다

유리같이 맑은 아침처럼

이슬을 좋아하는 마음처럼

당신의 그 고운 눈을 사랑합니다

선녀 _서유석

작사 신중현
앨범명 서유석 선녀
발매일 1973.03.20

음원 감상

아름다운 꿈속에 선녀 따라가보네

그림 같은 새들이 노래마저 부르네

호숫가에 앉아서 비단 물결 헤치면

한 잎 두 잎 꽃잎이 입술 위에 스치네

나의 선녀여 아름다워라

사랑스러워 떠나지 마오

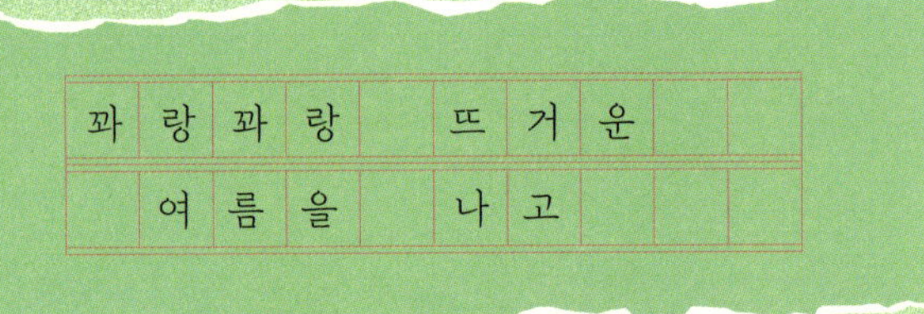

꽈랑꽈랑 뜨거운
여름을 나고

2막

〈여름〉 5~8화

음원 감상

햇님 _김정미

하얀 물결 위에 빨갛게 비추는

햇님의 나라로 우리 가고 있네

둥글게 솟는 해 웃으며 솟는 해

높은 산 위에서 나를 손짓하네

따뜻한 햇님 곁에서 우리는 살고 있구나

고요한 이곳에 날으는 새들이

나를 위하여 노래 불러주네

얼마나 좋은 곳에 있나 태양빛 찬란하구나

얼굴을 들어요 하늘을 보아요

무지개 타고 햇님을 만나러

나와 함께 맞으러 가자

영원한 이곳에 그대와 손잡고

햇님을 보면서 다정히 살리라

작사 함중아
앨범명 함중아 골든 디럭스
발매일 1980.01.01

음원 감상

5화 삽입곡

웃어주세요 토라진 그 사람

눈물 흘리는 당신 싫어

웃어주세요 토라진 그 사람

나를 사랑하는 당신 마음처럼

그렇게 불타는 태양처럼

돌아서지 말고 나보고 또 나를 보고

웃어주세요 토라진 그 사람

눈물 흘리는 당신 싫어

행복을 주는 사람 _해바라기

작사 이주호
앨범명 1집' 해바라기
발매일 1983.05.15

음원 감상

내가 가는 길이 험하고 멀지라도

그대 함께 간다면 좋겠네

우리 가는 길에 아침 햇살 비치면

행복하다고 말해주겠네

이리저리 둘러봐도 제일 좋은 건

그대와 함께 있는 것

그대 내게 행복을 주는 사람

내가 가는 길이 험하고 멀지라도

그대 내게 행복을 주는 사람

때론 지루하고 외로운 길이라도

그대 함께 간다면 좋겠네

때론 즐거움에 웃음 짓는 나날이어서

행복하다고 말해주겠네

이리 저리 둘러봐도 제일 좋은 건

그대와 함께 있는 것

아침의 나라에서 _김연자

7화 삽입곡

모두가 다정한 친구처럼
모두가 다정한 형제처럼
우리의 가슴이 열리는 곳
오 서울 코리아

사랑이 넘치는 거리에서
바람이 시원한 강변에서
일류의 꿈들이 피어난다
오 서울 코리아

푸른 하늘에 나부끼는 깃발은
세계가 하나로 뭉쳐지는
평화의 손길

모이자 모이자
아침의 나라에서
모이자 모이자
우리 함께 달리자

나라와 나라는 이웃처럼
나라와 나라는 가족처럼
모두가 하나로 이어지는 곳
오 서울 코리아

찬란히 떠오른 햇빛 아래
언제나 이 땅은 아름답게
지구의 미래는 밝아온다
오 서울 코리아

단발머리 _조용필

작사 박건호
앨범명 조용필 1집
발매일 1980.03.20

음원 감상

그 언젠가 나를 위해 꽃다발을 전해주던 그 소녀

오늘따라 왜 이렇게 그 소녀가 보고싶을까

비에 젖은 풀잎처럼 단발머리 곱게 빗은 그 소녀

반짝이는 눈망울이 내 마음에 되살아나네

내 마음 외로워질 때면 그날을 생각하고

그날이 그리워질 때면 꿈길을 헤매는데

음- 못 잊을 그리움 남기고

그 소녀 데려간 세월이 미워라

님과 함께 _남진

작사 고향
앨범명 임과함께/말없이 갑니다
발매일 1972.11.30

음원 감상

7화 삽입곡

저 푸른 초원 위에 그림 같은 집을 짓고

사랑하는 우리님과 한 백 년 살고 싶어

봄이면 씨앗 뿌려 여름이면 꽃이 피네

가을이면 풍년 되어 겨울이면 행복하네

멋쟁이 높은 빌딩 으스대지만

유행 따라 사는 것도 제멋이지만

반딧불 초가집도 님과 함께면

나는 좋아 나는 좋아 님과 함께면

님과 함께 같이 산다면

저 푸른 초원 위에 그림 같은 집을 짓고

사랑하는 우리님과 한 백 년 살고 싶어

Reality _Richard Sanderson

작사 Pimper Carola
앨범명 La Boum OST
발매일 1980.01.01
음원 감상

7화 삽입곡

Met you by surprise I didn't realize
우연히 당신을 만나고 난 깨닫지 못했어요

That my life would change forever
내 삶이 영원히 바뀌리라는 것을

Saw you standing there
거기 서있던 당신을 봤을 때

I didn't know I'd care
내가 의식하고 있는지도 몰랐지만

There was something special in the air
벌써 뭔가 기류가 심상치 않았어요

Dreams are my reality
꿈은 내 현실이죠

The only kind of real fantasy
환상이 현실이 된 유일한 한 가지

Illusions are a common thing I try to live in dreams
착각이야 흔한 거지만 나는 꿈속에 살려고 해요

It seems as if it's meant to be
이건 마치 운명 같아 보여요

Dreams are my reality
꿈은 내 현실이죠

A different kind of reality
다른 종류의 현실이죠

I dream of loving in the night
밤이면 나는 사랑을 꿈꿔요

And loving seems all right
그리고 사랑은 괜찮은 거라 생각해요

Although it's only fantasy
비록 환상일 뿐이라 할지라도

If you do exist, honey don't resist
당신이 존재한다면, 거부하지 말아요

Show me your new way of loving
당신이 사랑하는 방식을 내게 보여줘요

Tell me that it's true
이것이 사실이라고 내게 말해줘요

Show me what to do
뭘 해야 하는시 내세 보여줘요

I feel something special about you
나는 당신에게서 특별함을 느껴요

Dreams are my reality	꿈은 내 현실이죠
The only kind of reality	유일한 현실이죠
Maybe my foolishness is past	어쩌면 나의 어리석음이 모두 지나가고
And maybe now at last	결국 이제서야
I'll see how the real thing can be	현실을 보게 된 걸지도 몰라요
Dreams are my reality	꿈은 내 현실이죠
A wondrous world where I like to be	내가 원하는 놀라운 세상이죠
I dream of holding you all night	나는 밤새 당신을 안고 있는 꿈을 꿔요
And holding you seems right	당신을 안아도 괜찮을 것 같아요
Perhaps that's my reality	이게 아마도 내 현실인가 봐요

Dreams are my reality	꿈은 내 현실이죠
I like to dream of you close to me	나는 내 가까이에 있는 당신을 꿈꿔요
I dream of loving in the night	밤이면 나는 사랑을 꿈꿔요
And loving you seem right	그리고 사랑은 괜찮은 거라 생각해요
Perhaps that's my reality	이게 아마도 내 현실인가 봐요

사랑밖엔 난 몰라 _심수봉

작사 심수봉
앨범명 사랑밖엔 난 몰라
발매일 1987.02.15

음원 감상

7화 삽입곡

그대 내 곁에 선 순간

그 눈빛이 너무 좋아

어제는 울었지만

오늘은 당신 땜에

내일은 행복할 거야

얼굴도 아니 뭣도 아니 아니

부드러운 사랑만이 필요했어요

지나간 세월 모두 잊어버리게

당신 없인 아무것도 이젠 할 수 없어

사랑밖엔 난 몰라

무심히 버려진 날 위해

울어주던 단 한사람

커다란 어깨 위에

기대고 싶은 꿈을

당신은 깨지 말아요

이날을 언제나 기다려 왔어요

서러운 세월만큼 안아주세요

그리운 바람처럼 사라질까 봐

사랑하다 헤어지면 다시 보고 싶고

당신이 너무 좋아

둥지 _남진

작사 김동찬
앨범명 임남진 35주년
발매일 2000.02.21

음원 감상

너 빈자리 채워 주고 싶어

내 인생을 전부 주고 싶어

이제는 너를 내 곁에다 앉히고

언제까지나 사랑할까 봐

우리 더 이상 방황하지 마

한눈 팔지 마

여기 둥지를 틀어

지난날의 아픔은 잊어버려

스쳐 지나가는 바람처럼

이제 너는 혼자가 아니잖아

사랑하는 나 있잖아

너는 그냥 가만히 있어

다 내가 해 줄게

현실일까 꿈일까 사실일까 아닐까

헷갈리고 서 있지 마

사랑이 뭔지 그동안 몰랐지

내 품에 둥지를 틀어봐

스잔 _김승진

작사 정은이
앨범명 오늘은 말할 거야/스잔
발매일 1985.07.01

음원 감상

스잔 찬바람이 부는데
스잔 땅거미가 지는데
너는 지금 어디서 외로이
내 곁에 오지를 않니

스잔 보고 싶은 이 마음
스잔 너는 알고 있잖니
그날의 오해는 버리고
내 곁에 돌아와 주렴

스잔 난 너를 사랑해
후회없이 난 너를 사랑해
스잔 잊을 수 없는 스잔
이 생명보다 더 소중한 스잔

스잔 찬바람이 부는데
스잔 땅거미가 지는데
너는 지금 어디서 외로이
내 곁에 오지를 않니

스잔 난 너를 사랑해
후회없이 난 너를 사랑해
스잔 잊을 수 없는 스산
이 생명보다 더 소중한 스잔

스잔 찬바람이 부는데
스잔 땅거미가 지는데
너는 지금 어디서 외로이
내 곁에 오지를 않니

나 홀로 뜰 앞에서 _김완선

작사 김창훈
앨범명 나 홀로 뜰 앞에서
발매일 1987.05.07

음원 감상

그리우면 나 홀로

뜰 앞에 나와 거닐었었네

아름답게 피어난 꽃을 바라보며

옛일을 생각하네

보고프면 나 홀로

까만 밤하늘 쳐다보았네

둥글게 떠오른 하얀 달을 보며

그대를 그려보네

흰 눈이 펑펑 내리던 날 말없이

슬픈 발자국 남기고 떠나갔네

생각나면 나 홀로

찻집에 나와 차를 마셨네

쓸쓸하게 풍기는 향기 맡으며

지난 일 생각하네

그대 다시 올 수 없나

보고파 불러보네

그대 돌아올 수 없나

뜰 앞을 서성이네

그때 그 사람 _심수봉

7화 삽입곡

비가 오면 생각나는 그 사람

언제나 말이 없던 그 사람

사랑의 괴로움을 몰래 감추고

떠난 사람 못 잊어서 울던 그 사람

그 어느 날 차 안에서 내게 물었지

세상에서 제일 슬픈 게 뭐냐고

사랑보다 더 슬픈 건 정이라며

고개를 떨구던 그때 그 사람

외로운 병실에서 기타를 쳐주고

위로하며 다정했던 사랑한 사람

안녕이란 단 한마디 말도 없이

지금은 어디에서 행복할까

어쩌다 한 번쯤은 생각해 줄까

지금도 보고 싶은 그때 그 사람

외로운 내 가슴에 살며시 다가와서

언제라도 감싸주던 다정했던 사람

그러니까 미워하면은 안되겠지

다시는 생각해서도 안되겠지

철없이 사랑인 줄 알았었네

이제는 잊어야 할 그때 그 사람

당신만이 _이치현과 벗님들

작사 이치현
앨범명 2집 벗님들
발매일 1980.08.10

음원 감상

눈부신 햇살이 비춰주어도

제게 무슨 소용 있겠어요

이토록 아름다운 당신만이

나에게 빛이 되는걸

은은한 달빛이 감싸주어도

제게 무슨 소용 있겠어요

향긋한 그대의 머릿결만이

포근히 감싸주는걸

그대여 안녕이란 말은 말아요

사랑의 눈빛만을 주세요

아 이대로 영원히 내사랑 간직하고파

눈부신 햇살이 비춰주어도

이제 무슨 소용 있겠어요

이토록 아름다운 당신만이

나에게 빛이 되는걸

나 어떡해 _샌드페블즈

작사 김창훈
앨범명 제1회 MBC '77 대학가요제 1양
발매일 1978.03.01

음원 감상

나 어떡해

너 갑자기 가버리면

나 어떡해

너를 잃고 살아갈까

나 어떡해

나를 두고 떠나가면

그건 안돼

정말 안돼 가지 말아

누구 몰래 다짐했던

비밀이 있었나

다정했던 네가

상냥했던 네가

그럴 수 있나

못 믿겠어

떠난다는 그 말을

안 듣겠어

안녕이란 그 말을

내 이름은 소녀 _조애희

작사 하중희
앨범명 김인배 작곡 제2집
발매일 1963.01.01
음원 감상

내 이름은 소녀 꿈도 많고

내 이름은 소녀 말도 많지요

거울 앞에 앉아서 물어보면은

어제보다 요만큼 예뻐졌다고

내 이름은 소녀 꽃송이같이

곱게 피면은 엄마 되겠지

내 이름은 소녀 꿈도 많고

내 이름은 소녀 샘도 많지요

거리 거리 쌍쌍이 걸어가면은

내 그림자 깨워서 짝을 지우고

내 이름은 소녀 꽃송이같이

곱게 피면은 날아오겠지

만리포 사랑 _박경원

똑딱선 기적 소리 젊은 꿈을 싣고서

갈매기 노래하는 만리포라 내 사랑

그립고 안타까운 울던 밤아 안녕히

희망의 꽃구름도 둥실둥실 춤춘다

점찍은 작은 섬을 굽이굽이 돌아서

구십 리 뱃길 위에 은비늘이 곱구나

그대와 마주 앉아 불러보는 샹송

노 젓는 뱃사공도 벙실벙실 웃는다

수박빛 선그라스 박쥐 양산 그늘에

초록빛 비단 물결 은모래를 만지네

청춘의 젊은 꿈이 해안선을 달리면

산홋빛 노을 속에 천리포도 곱구나

작사 엄인호
앨범명 그대 없는 거리
발매일 1988.01.10

그대 없는 거리 _신촌 블루스

거리엔 또다시 어둠이 내리고

희미한 가로등 불이 켜지면

어우러진 사람들 속에

길을 걸으며

텅 빈 내 마음을 달래 봅니다

이렇게 못 잊는 그대 생각에

오늘도 차가운 길을 가는데

지울 수 없는 한줄기 미련 때문에

오늘 밤 이 거리를 헤매야 하나요

지친 내 발길은 그대 찾아서

포근히 잠든 그대 모습 그리며

멈추지 않는 내 발길은

어쩔 수 없어

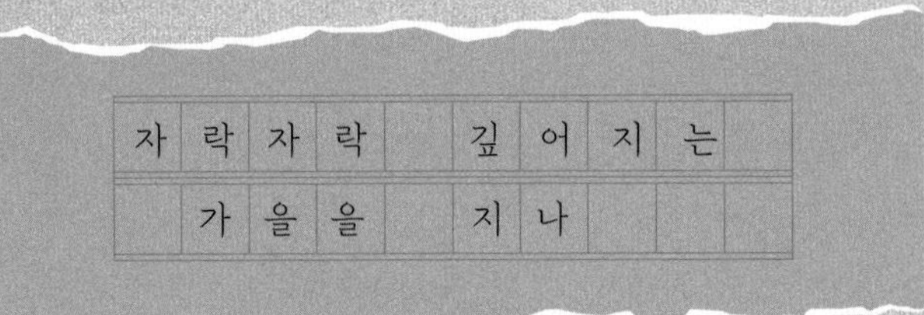
자락자락 깊어지는
가을을 지나

3막

〈가을〉 9~12화

아니 벌써 _산울림

작사 김창완
앨범명 산울림 새 노래 모음
발매일 1977.12.15

아니 벌써 해가 솟았나

창문 밖이 환하게 밝았네

가벼운 아침 발걸음

모두 함께 콧노래 부르며

밝은 날을 기다리는

부푼 마음 가슴에 가득

이리 저리 지나치는

정다운 눈길 거리에 찼네

아니 벌써 밤이 깊었나

정말 시간 가는 줄 몰랐네

해 저문 거릴 비추는

가로등 하얗게 피었네

소양강 처녀 _김태희

작사 반야월
앨범명 소양강 처녀 / 밤차로 떠난 사람
발매일 1970.10.05

음원 감상

해 저문 소양강에 황혼이 지면

외로운 갈대밭에 슬피 우는 두견새야

열여덟 딸기 같은 어린 내 순정

너마저 몰라주면 나는 나는 어쩌나

아 그리워서 애만 태우는 소양강 처녀

동백꽃 피고 지는 계절이 오면

돌아와 주신다고 맹세하고 떠나셨죠

이렇게 기다리다 멍든 가슴에

떠나고 안 오시면 나는 나는 어쩌나

아 그리워서 애만 태우는 소양강 처녀

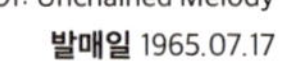

음원 감상

Unchained Melody_The Righteous Brothers

9화 삽입곡

Woah, my love, my darling	오, 내 사랑, 그대여
I've hungered for your touch	난 당신의 손길을 갈망해왔죠
A long, lonely time	길고, 외로운 시간 동안
And time goes by so slowly	시간은 너무 느리게 흐르죠
And time can do so much	시간은 많은 걸 할 수 있죠
Are you still mine?	그대는 여전히 내 사람인가요?
I need your love	난 당신의 사랑이 필요해요
God speed your love to me	신이 그대의 사랑을 내게 빨리 보내주길

Lonely rivers flow

To the sea, to the sea

To the open arms of the sea, yeah

Lonely rivers sigh

"Wait for me, wait for me

I'll be coming home, wait for me"

외로운 강물은 흐르죠

바다로, 바다로

넓은 바다의 품으로 들어가죠

외로운 강물은 탄식하죠

"기다려줘요, 기다려줘요

곧 집에 돌아가니, 기다려줘요"

당신은 어디 있나요 _양수경

작사 김범룡
앨범명 이별의 끝은 어디인가요
발매일 1990.08.25

음원 감상

그래요 말을 해봐요 나는 알고 있어요

어젯밤의 그 맹세가 무엇을 말하는지

그래요 떠나갈게요 당신이 원하신다면

한번 가면 그뿐이에요 이대로 떠나겠어요

아 내가 외로울 때는 날 위로해 주던

아 그런 당신은 당신은 어디 있나요

마음대로 왔다가 마음대로

그렇게 그렇게 가시나요

말해봐요 말해봐요 사랑이 죄인가요

그래요 말을 해봐요 나는 알고 있어요

어젯밤의 그 맹세가 무엇을 말하는지

바람아 멈추어다오 _이지연

10화 삽입곡

폭싹 속았수다 노랫말 필사집

해가 뜨면 찾아올까

바람 불면 떠날 사람인데

행여 한번 돌아보면

그대 역시 외면하고 있네

바람아 멈추어다오

세월 가면 잊혀질까

그렇지만 다시 생각날걸

붙잡아도 소용없어

그대는 왜 멀어져 가나

바람아 멈추어다오

난 몰라

바람아 멈추어다오

바람아 멈추어다오

이젠 모두 지난 일이야

그리우면 난 어떡하나

부질없는 내 마음에

바보같이 눈물만 흐르네

바람아 멈추어다오

10화 삽입곡

Mélodie d'amour chante le coeur d'Emmanuelle

Qui bat coeur à corps perdu

Mélodie d'amour chante le coeur d'Emmanuelle

Qui vit corps à coeur déçu

사랑의 찬가가 잃어버린 육체로 아파하는

엠마뉴엘의 마음을 노래하네요

사랑의 찬가가 절망한 마음으로 살아가는

엠마뉴엘의 마음을 노래하네요

Tu es encore presque une enfant 당신은 아직 어린애에 불과해요

Tu n'as connu qu'un seul amant 당신은 오직 한 명의 연인밖에 모르죠

Mais à vingt ans pour rester sage 하지만 스무 살에는 현명해질 거예요

L'amour est un trop long voyage 사랑이란 하나의 길고 긴 여행이니까요

L'amour à coeur tu l'as rêvé

L'amour à corps tu l'as trouvé

Tu es en somme devant les hommes

Comme un soupir sur leur désir

당신은 마음을 주고받는 사랑을 꿈꿔왔는데

육체의 사랑을 지금 막 찾았죠

당신은 지금 남자들 앞에 서있죠

욕망의 한숨을 내뿜는 그 남자들 앞에

nuelle

Cherche le coeur trouve les pleurs

Cherche toujours cherche plus loin

Viendra l'amour sur ton chemin

엠마뉴엘 당신은 너무 아름다워요

사랑하는 마음을 찾다 보면 눈물도 흘릴 거예요

하지만 항상 찾으세요 더 앞으로 나아가며

그러면 사랑은 당신에게 찾아올 거예요

작사 노영심
앨범명 이상우 2집
발매일 1991.04.01

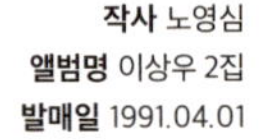

그녀를 만나는 곳 100M 전 _이지연

저기 보이는 노란 찻집

오늘은 그널 세 번째 만나는 날

마음은 그곳을 달려가고 있지만

가슴이 떨려오네

새로 산 구두가 어색해

자꾸 쇼윈도에 날 비춰봐도

멀쑥한 내 모습이 더 못마땅한

그녀를 만나는 곳 100m 전

장미꽃 한 송이를 안겨줄까

무슨 말을 어떻게 할까

머릿속에 가득한 그녀 모습이

조금씩 내게 다가오는 것 같아

하늘에 구름이 솜사탕이 아닐까

어디 한번 뛰어올라 볼까

오늘은 그녀에게 고백을 해야지

용기를 내야지

벌써 날 기다리진 않을까

아직 15분이나 남았는데

어젯밤에 맞춰 논 내 시곗 바늘이

잠든 게 아닐까

살살 넘겨 빗은 머리가

바람에 날려 흩어지진 않을까

오늘따라 이 길이 더 멀어 보이네

그녀를 만나는 곳 100m 전

장미꽃 한 송이를 안겨줄까

무슨 말을 어떻게 할까

머릿속에 가득한 그녀 모습이

조금씩 내게 다가오는 것 같아

하늘에 구름이 솜사탕이 아닐까

어디 한번 뛰어올라 볼까

오늘은 그녀에게 고백을 해야지

용기를 내야지

머릿속에 가득한 그녀 모습이

조금씩 내게 다가오는 것 같아

작사 이성만
앨범명 하얀상처/가슴이 떨려
발매일 1990.06.01

당신 _김정수

내 품에 안기어 곤히 잠든 그대여

어느덧 그대 눈가에도 주름이 졌네

내 가슴에 묻혀 꿈을 꾸는 그대여

야위어진 그댈 바라보니 눈물이 솟네

고왔던 여자의 순정을 이 못난 내게 바쳐두고

한마디 원망도 않은 채 긴 세월을 보냈지

난 맹세하리라 고생 많은 당신께

이 생명 다하는 날까지 그대를 사랑하리

애모 _김수희

작사 유영건
앨범명 서울여자
발매일 1990.01.01

음원 감상

그대 가슴에 얼굴을 묻고

오늘은 울고 싶어라

세월의 강 넘어 우리 사랑은

눈물 속에 흔들리는데

얼만큼 나 더 살아야

그대를 잊을 수 있나

한마디 말이 모자라서

다가설 수 없는 사람아

그대 앞에만 서면

나는 왜 작아지는가

그대 등 뒤에 서면

내 눈은 젖어 드는데

사랑 때문에 침묵해야 할

나는 당신의 여자

그리고 추억이 있는 한

당신은 나의 남자요

내사랑 내곁에 _김현식

작사 오태호
앨범명 김현식 6집
발매일 1991.01.26

음원 감상

11화 삽입곡

나의 모든 사랑이 떠나가는 날이

당신의 그 웃음 뒤에서

함께하는데

철이 없는 욕심에 그 많은 미련에

당신이 있는 건 아닌지

아니겠지요

시간은 멀어 집으로 향해가는데

약속했던 그대만은

올 줄을 모르고

애써 웃음 지으며 돌아오는 길은

왜 그리도 낯설고 멀기만 한지

저 여린 가지 사이로

혼자인 날 느낄 때

이렇게 아픈 그대 기억이 날까

내 사랑 그대 내 곁에 있어줘

이 세상 하나뿐인 오직 그대만이

힘겨운 날에 너마저 떠나면

비틀거릴 내가 안길 곳은 어디에

찻잔 _노고지리

작사 김창완
앨범명 노고지리 2집
발매일 1979.11.10

음원 감상

너무 진하지 않은 향기를 담고

진한 갈색 탁자에 다소곳이

말을 건네기도 어색하게

너는 너무도 조용히

지키고 있구나

너를 만지면 손끝이 따듯해

온몸에 너의 열기가 퍼져

소리 없는 정이 내게로 흐른다

귀 로 _정미조

작사 이주엽
앨범명 37년
발매일 2016.02.24

어린 꿈이 놀던 들판을 지나

아지랑이 피던 동산을 넘어

나 그리운 곳으로 돌아가네

멀리 돌고 돌아 그곳에

담벼락에 기대 울던 작은 아이

어느 시간 속에 숨어버렸는지

나 그곳에 조용히 돌아가

그 어린 꿈을 만나려나

무지개가 뜨는 언덕을 찾아

넓은 세상 멀리 헤매 다녔네

그 무지개 어디로 사라지고

높던 해는 기울어가네

새털구름 머문 파란 하늘 아래

푸른 숨을 쉬며 천천히 걸어서

나 그리운 그곳에 간다네

펠롱펠롱 반짝이는
겨울에 이르다

4막

〈겨울〉 13~16화

소중한 너(Duet With 조규찬) _박선주

작사 조규찬
앨범명 하루 이틀 그리고…
발매일 1990.02.25

음원 감상

너무나 투명한 너의 하얀 미소에

나는 사랑을 느꼈어

너의 하얀 뺨에 눈물 흐를 때에

나는 네게 사랑을 주고 싶었어

너의 모습 그릴 때마다

넌 항상 내게 웃음 주었지

네 마음을 사랑하고 싶은 거야

나의 마음 너에게만 주고 싶어

소중한 널 잊을 수는 없을 거야

언제까지나 나의 마음 너만을 그릴게

내 사랑아

너무나 가득한 너의 슬픈 향기에

나는 사랑을 느꼈어

너의 뒷모습이 슬퍼 보일 때에

나는 네게 사랑을 주고 싶었어

너의 향기 그릴 때마다

넌 항상 내게 눈물 주었지

네 마음을 사랑하고 싶은 거야

나의 마음 너에게만 주고 싶어

소중한 널 잊을 수는 없을 거야

언제까지나 나의 마음 너만을 그릴게

We Are The Future _H.O.T.

작사 유영진
앨범명 Wolf And Sheep
발매일 1997.07.05

음원 감상

Hey Everybody look at me

이제는 모든 세상의 틀을 바꿔버릴 거야

내가 이제 주인이 된 거야

어른들의 세상은 이미 갔다

낡아 빠진 것 말도 안 되는 소린 집어치워

The future is mine

아직까지 우린 어른들의

그늘 아래 있어 자유롭지 않은데

이런저런 간섭들로 하룰 지새우니

피곤할 수밖에

언제까지 우릴 자신들의

틀에 맞춰야만 직성이 풀리는지

하루 이틀 날이 갈수록

우린 지쳐 쓰러질 것 같아

난 내 세상은 내가 스스로 만들 거야

똑같은 삶을 강요하지 마

내 안에서 꿈틀대는 새로운 세계 난 키워 가겠어

We Are The Future!

집어치워 난 지금부터

내 인생의 주인은 나라 말하겠어

또 믿겠어 믿겠어 잘해 나갈 거라 나는 믿겠어

Hey hey 이제 다시 내 인생에 참견하지 말아줘요

I don't need you

I don't wanna help you

We Are The Future!

한 번쯤 나도 생각했었지

내가 어른이 되면 어떤 모습일까

항상 이런 모습으로 살 수 있을까 oh baby

행복 _H.O.T.

작사 장용진
앨범명 Wolf And Sheep
발매일 1997.07.05

음원 감상

한 번도 난 너를 잊어본 적 없어

오직 그대만을 생각했는걸

그런 너는 뭐야 날 잊었던 거야

지금 내 눈에선 눈물이 흘러 배신감 느껴

널 찾아갈까 생각했어 난 난 잘 모르겠어

이 세상이 돌고 있는 지금 내 눈에는 너밖에 (뭐지?)

할 말이 없어 갈 수도 없어 눈물도 없어 느낌도 없어

네 앞에 서 있는 날 바라봐 이렇게 널 위해 살아있는 날

약속된 시간이 왔어요 그대 앞에 있어요

두려움에 울고 있지만

눈물을 닦아주었어요 그때 내 손 잡았죠

일어날 거야 함께해 준 그대에게 행복을

눈 감고 그댈 그려요 맘속 그댈 찾았죠

나를 밝혀주는 빛이 보여

영원한 행복을 놓칠 순 없죠

그대 나 보이나요 나를 불러줘요

그대 곁에 있을 거야 너를 사랑해

함께해요 그대와 영원히

행복한 나를 _에코

작사 유유진
앨범명 Voice Of Eco
발매일 1997.07.01

음원 감상

13화 삽입곡

몇 번인가 이별을 경험하고서 널 만났지

그래서 더 시작이 두려웠는지 몰라

하지만 누군갈 알게 되고 사랑하게 되는 건

네가 마지막이라면 얼마나 좋을까

나처럼 바쁜 하루 중에도 잠시 네 목소리 들으면

함께 있는 것처럼 너도 느껴지는지

매일 밤 집으로 돌아갈 때

그곳에 네가 있다면

힘든 하루 지친 네 마음이

내 품에 안겨 쉴 텐데

지금처럼만 날 사랑해 줘

난 너만 변하지 않는다면

내 모든 걸 가질 사람은 너뿐이야

난 흔들리지 않아

넌 가끔은 자신이 없는

미래를 미안해하지만

잊지 말아 줘 사랑해 너와 함께라면 이젠

행복한 나를

난 많은 기대들로 세상이

정해놓은 사랑을 버리고

네 마음처럼 난 늘 같은 자리에

또 하나의 네가 되고 싶어

소중한 널 위해

지금처럼 날 사랑해 줘 항상

너만 변하지 않으면

내 전부를 가질 사람은 너뿐이야

난 흔들리지 않아

자신 없는 미래 넌 미안해하고 있니

넌 이제 혼자가 아니야 이젠

잊지 마 너와 함께라면 언제나 행복한 나를

우리의 밤은 당신의 낮보다 아름답다 _코나

13화 삽입곡

내게 약속해 줘

오늘 이 밤 나를 지켜줄 수 있다고

함께 가는 거야 나를 믿어

내가 주는 느낌 그걸 믿는 거야

내겐 너무 아름다운

너의 밤을 지켜주겠어

우린 오늘 아무 일도 없겠지만

그대가 원한다면

언젠가 이 세상의 모든 아침을

나와 함께해 줘

이미 알고 있어

흔들리는 너의 눈에

담긴 두려움

우린 오늘 아무 일도 없겠지만

그대가 원한다면

언젠가 이 세상의 모든 아침을

나와 함께해 줘

다시 한번 자신 있게 말하지만

나를 믿고 있다면

언젠가 이 세상의 모든 아침을

나와 함께해 줘

널 사랑하겠어 _동물원

작사 김창기
앨범명 동물원 6집
발매일 1995.10.01

내 뜨거운 입술이 너의

부드러운 입술에 닿길 원해

내 사랑이 너의 가슴에 전해지도록

아직도 나의 마음을 모르고 있었다면은

이 세상 그 누구보다 널 사랑하겠어

널 사랑하겠어 언제까지나

널 사랑하겠어 지금 이 순간처럼

이 세상 그 누구보다 널 사랑하겠어

어려운 얘기로 너의

호기심을 자극할 수도 있어

그 흔한 유희로 이 밤을 보낼 수도 있어

하지만 나의 마음을 이제는 알아줬으면 해

이 세상 그 누구보다 널 사랑하겠어

돌아와요 부산항에 _조용필

작사 황선우
앨범명 조용필 1집
발매일 1980.03.20

음원 감상

꽃 피는 동백섬에 봄이 왔건만

형제 떠난 부산항에 갈매기만 슬피 우네

오륙도 돌아가는 연락선마다

목메어 불러봐도 대답 없는 내 형제여

돌아와요 부산항에 그리운 내 형제여

가고파 목이 메어 부르던 이 거리는

그리워서 헤매던 긴긴날의 꿈이었지

언제나 말이 없는 저 물결들도

부딪쳐 슬퍼하며 가는 길을 막아섰지

돌아왔다 부산항에 그리운 내 형제여

Love Love _비쥬

작사 최다비
앨범명 Bijou Is Ballad
발매일 1998.01.01

음원 감상

14화 삽입곡

We will forever I love you

you will never know baby

그다지 화려한 세상은 아니지만

내가 너를 위해 꿈꿔왔던

나만의 세상이 있어

수정처럼 맑은 너의 미소를 내게 보여줘

너의 마음속에 내가 들어갈 수 있도록

눈처럼 하얀 너의 미소를 내게 보여줘

너를 위한 내 마음이 영원할 수 있게

너를 만나기 전에 언제나 내 자신만을 믿어왔어

그래 난 화려하게 살고 싶었어

그 속에 행복이 있다고 믿었지

그래 네가 너만의 너만의 꿈을 이룰 수 있게

하늘을 나는 방법을 가르쳐 줄게

세상의 진정한 행복은

언제나 네 맘속에 있는 거야

어둠 속에 네가 지쳐 혼자 걸어갈 때도

널 위한 내 마음이 너를 지켜줄 거야

Toi c'est tres complique Mais il est fou d'etre Trop

raisonnable moi L'amour c'est plus fort que

J'ai besoin de toi

아주 가끔 따사로운 햇살이

너의 어깨를 비추는 이른 아침에도

나를 또 하나의 너로 생각해 줄 수 있는지

미운 사람 _윤형주

작사 윤형주
앨범명 윤형주 새노래 모음
발매일 1973

음원 감상

이제는 우리가 이별을 할 시간

아 미운 사람

그동안 우리는 사랑을 했는데

아 미운 사람

그렇게도 다정했는데

그렇게도 행복했는데

우리 멀리 헤어진다면

서러운 맘 어이 달래나

눈물을 감추려 하늘을 봤는데

아 미운 사람

눈물을 감추려 고개를 떨궈도

아 미운 사람

다시는 그 사람 생각을 않으리

아 미운 사람

그러나 또다시 눈앞에 보이는

아 미운 사람

10 Minutes _이효리

작사 메이비(Maybee)
앨범명 Stylish…
발매일 2003.08.13

음원 감상

15화 삽입곡

Just One 10 Minutes 내 것이 되는 시간

순진한 내숭에 속아 우는 남자들

Baby 다른 매력에 흔들리고 있잖아

용기 내봐 다가와 날 가질 수도 있잖아

어느 늦은 밤 혼자 들어선 곳

춤추는 사람들 그 속에 그녀와 너

왠지 끌리는 널 갖고 싶어져

그녀가 자릴 비운 그 10분 안에

지루했던 순간이 날 보는 순간

달라졌어 I'm telling you

오래된 연인 그게 아니던

중요한 사실은 넌 내게 더 끌리는 것

I say 너의 그녀는 지금 거울을 보며

붉은색 립스틱 화장을 덧칠하고

Baby 높은 구두에 아파하고 있을걸

나는 달라 그녀와 날 비교하지 말아줘

_______ · _______ · _______

짧은 순간이 아니라고 했잖아
영화 속에 갇힌 우리가 되는 거야
영화 속 10분 1년도 지나쳐 어때
겁먹지는 마 너도 날 원해

지루했던 순간이 날 보는 순간
달라졌어 I'm telling you
오래된 연인 그게 아니던
중요한 사실은 넌 내게 더 끌리는 것

Just one 10 Minutes 내 것이 되는 시간
모든 게 끝난 후 그녀가 오고 있어
Baby 붉은 립스틱 촌스럽기도 하지
내게 와봐 이제 넌 날 안아봐도 괜찮아
Don't tell a lie just be yourself
힘들게 둘러 대지 마 널 떠나달라 말을 해
(have it your way)
Bling Bling shine it's right to come
사랑에 빠진 거라고 거짓을 말할 거라면
모두 없던 걸로 해

작사 김형석
앨범명 올인 OST
발매일 2003.01.31
음원 감상

15화 삽입곡

가야 한다고 어쩔 수 없다고

너의 손잡은 채

나는 울고만 있었지

언젠가는 꼭 돌아올 거라고

그땐 우리 서로

웃을 수 있을 거라고

긴 기다림은 내게 사랑을 주지만

너에겐 아픔만 남긴 것 같아

이런 날 용서해 바보 같은 날

언젠가 널 다시 만날 그날이 오면

너를 내 품에 안고 말할 거야

너만이 내가 살아온 이유였다고

너 없인 나도 없다고

언젠가 힘든 이 길이 끝이 나는 날

그대 곁에서 내가 눈 감는 날

기억해 나의 사랑은

네가 마지막이었단 걸

처음 그날처럼

눈을 감으면 잊혀져 버릴까

슬픈 밤에도

쉽게 잠들 수 없었지

꿈에서라도 널 보게 된다면

눈물 흐를까 봐

눈을 뜰 수가 없었어

긴 기다림은 내게 사랑을 주지만

너에겐 아픔만 남긴 것 같아

이런 날 용서해 바보 같은 날

언젠가 널 다시 만날 그날이 오면

너를 내 품에 안고 말할 거야

너만이 내가 살아온 이유였다고

너 없인 나도 없다고

언젠가 힘든 이 길이 끝이 나는 날

그대 곁에서 내가 눈 감는 날

기억해 나의 사랑은

네가 마지막이었단 걸

처음 그날처럼

일어나 _김광석

작사 김광석
앨범명 김광석 네번째
발매일 1994.06.25

음원 감상

검은 밤의 가운데 서있어

한 치 앞도 보이질 않아

어디로 가야 하나 어디에 있을까

둘러봐도 소용없었지

인생이란 강물 위를 뜻 없이

부초처럼 떠다니다가

어느 고요한 호숫가에 닿으면

물과 함께 썩어가겠지

일어나 일어나 다시 한번 해보는 거야

일어나 일어나 봄의 새싹들처럼

끝이 없는 날들 속에 나와 너는 지쳐가고

또 다른 행동으로 또 다른 말들로

스스로를 안심시키지

인정함이 많을수록 새로움은

점점 더 멀어지고

그저 왔다 갔다 시계추와 같이

매일매일 흔들리겠지

일어나 일어나 다시 한번 해보는 거야

일어나 일어나 봄의 새싹들처럼

가볍게 산다는 건

결국은 스스로를 얽어매고

세상이 외면해도 나는 어차피

살아 살아있는 걸

아름다운 꽃일수록

빨리 시들어 가고

햇살이 비치면 투명하던 이슬도

한순간에 말라버리지

일어나 일어나 다시 한번 해보는 거야

일어나 일어나 봄의 새싹들처럼

16화 삽입곡

I'm singin' in the rain	난 빗속에서 노래하고 있어요
Just singin' in the rain	그저 노래하고 있지요 이 비를 맞으며
What a glorious feeling	너무나 즐거운 기분이에요
I'm happy again	난 다시 행복해요
I'm laughing at clouds	난 구름을 보며 비웃어요
So dark up above	저 위는 너무 어둡기만 하니까요
The sun's in my heart	태양은 내 마음 속에 있어요
And I'm ready for love	그리고 난 사랑할 준비가 됐어요

Let the stormy clouds chase

Everyone from the place

Come on with your rain

I've got a smile on my face

I'll walk down the lane

With a happy refrain

Just singin' singin' in the rain

Dancing in the rain

I'm happy again

I'm singing and dancing in the rain

I'm dancing and singing in the rain

먹구름이 몰려오고

그곳에서 오는 사람들이

비를 몰고 와도

나는 미소를 띠고 있죠

나는 차선을 따라 걸어요

행복한 후렴구를 부르며

그저 빗속에서 노래를 불러요

빗속에서 춤을 춰요

난 다시 행복해요

빗속에서 노래를 부르고 춤을 춰요

빗속에서 춤을 추고 노래를 불러요

뽀 뽀 뽀

작사 용택수
발매일 1981

음원 감상

아빠가 출근할 때 뽀뽀뽀

엄마가 안아줘도 뽀뽀뽀

만나면 반갑다고 뽀뽀뽀

헤어질 때 또 만나요 뽀뽀뽀

우리는 귀염둥이 뽀뽀뽀 친구

뽀뽀뽀 뽀뽀뽀 뽀뽀뽀 친구

어머나! _장윤정

작사 윤명선
앨범명 장윤정 - 어머나
발매일 2004.10.22

음원 감상

어머나 어머나 이러지 마세요

여자의 마음은 갈대랍니다

안돼요 왜 이래요 묻지 말아요

더 이상 내게 원하시면 안 돼요

오늘 처음 만난 당신이지만 내 사랑인 걸요

헤어지면 남이 되어 모른척하겠지만

좋아해요 사랑해요

거짓말처럼 당신을 사랑해요

소설 속의 영화 속의

멋진 주인공은 아니지만

괜찮아요 말해봐요

당신 위해서라면 다 줄게요

어머나 어머나 이러지 마세요

여자의 마음은 바람입니다

안돼요 왜 이래요 잡지 말아요

더 이상 내게 바라시면 안 돼요

잇어야 한다는 마음으로 _김광석

작사 김광석
앨범명 김광석 3번째 노래모음
발매일 1992.03.20

음원 감상

잊어야 한다는 마음으로
내 텅 빈 방문을 닫은 채로
아직도 남아 있는 너의 향기
내 텅 빈 방 안에 가득한데

이렇게 홀로 누워 천장을 보니
눈앞에 글썽이는 너의 모습
잊으려 돌아누운 내 눈가에
말없이 흐르는 이슬방울들

지나간 시간은 추억 속에
묻히면 그만인 것을
나는 왜 이렇게 긴 긴 밤을
또 잊지 못해 새울까

창 틈에 기다리던 새벽이 오면

어제보다 커진 내 방 안에

하얗게 밝아온 유리창에

썼다 지운다 널 사랑해

밤하늘에 빛나는 수많은 별들

저마다 아름답지만

내 맘속에 빛나는 별 하나

오직 너만 있을 뿐이야

창 틈에 기다리던 새벽이 오면

어제보다 커진 내 방 안에

하얗게 밝아온 유리창에

썼다 지운다 널 사랑해

나의 기타 이야기 _김광석

작사 송창식
앨범명 김광석 베스트
발매일 2021.10.12
음원 감상

옛날 옛날 내가 살던 작은 동네엔

늘 푸른 동산이 하나 있었지

거기엔 오동나무 한 그루하고

같이 놀던 소녀 하나 있었지

널따란 오동잎이 떨어지면

손바닥 재어 보며 함께 웃다가

내 이름 그 애 이름 서로 서로

온통 나무에 이름 새겨 넣었지

딩동댕 울리는 나의 기타는

나의 지난날의 사랑 이야기

아름답고 철모르던 지난날의 슬픈 이야기

딩동댕 딩동댕 울린다

하늘이 유난히도 맑던 어느 날

늘처럼 그녀의 모습 바라보다가

그녀 이름 새겨 넣은 오동나무에

그녀 모습 새겨보고 싶어졌지

말할 때는 동그란 그녀 입하고

가늘고 기다란 목도 만들고

잘쑥한 허리를 똑같이 만들었을 땐

정말 정말 너무너무 기뻤지

사랑스런 그 모습은 만들었는데

다정한 그 목소리는 어이 담을까

바람 한 줌 잡아 불어넣을까

냇물 소리를 떠다 넣을까

내 가슴 온통 채워버린 목소리 때문에

몇 무릎 몇 손이나 모아졌던가

이루어지지 않는 안타까움에

몇 밤이나 울다가 잠들었던가

어느 날 그녀 목소리에 깨어나 보니

내가 만든 오동나무 소녀 가슴에

반짝이는 은하수가 흐르고 있었지

하나 둘 여섯 줄기나 흐르고 있었지

오동나무 소녀에 마음 뺏기어

가엾은 나의 소녀는 잊혀진 동안

그녀는 늘 푸른 동산을 떠나

하늘의 은하수가 되었던 거야

혼자 남은 밤 _김광석

작사 박용준
앨범명 김광석 네번째
발매일 1994.06.25

음원 감상

16화 삽입곡

폭싹 속았수다 노랫말 필사집 ♡

어둠이 짙은 저녁 하늘

별빛 내 창에 부서지고

외로운 밤을 홀로 지샌 내 모습

하얀 별 나를 비춰주네

불빛 하나 둘 꺼져갈 때

조용히 들리는 소리

가만히 나에게서 멀어져 가면

눈물 그 위로 떨어지네

외롭게 나만 남은 이 공간

되올 수 없는 시간들

빛바랜 사진 속에 내 모습은

더욱더 쓸쓸하게 보이네

아 이렇게 슬퍼질 땐 거리를 거닐자

환하게 밝아지는 내 눈물

어둠이 짙은 저녁 하늘

별빛 내 창에 부서지고

외로운 밤을 홀로 지샌 내 모습

하얀 별 나를 비춰주네

외롭게 나만 남은 이 공간

되올 수 없는 시간들

빛바랜 사진 속에 내 모습은

더욱더 쓸쓸하게 보이네

아 이렇게 슬퍼질 땐 노래를 부르자

환하게 밝아지는 내 눈물

아 이렇게 슬퍼질 땐 노래를 부르자

삶에 가득 여러 송이 희망을

환하게 밝아지는 내 눈물

어느 60대 노부부 이야기 _임영웅

작사 김목경
앨범명 내일은 미스터트롯 트롯 에이드 베스트
발매일 2020.02.21
음원 감상

16화 삽입곡

곱고 희던 그 손으로
넥타이를 매어주던 때
어렴풋이 생각나오
여보 그때를 기억하오

막내아들 대학 시험
뜬 눈으로 지새던 밤들
어렴풋이 생각 나오
여보 그때를 기억하오

세월을 그렇게 흘러
여기까지 왔는데
인생은 그렇게 흘러
황혼에 기우는데

큰딸아이 결혼식 날
흘리던 눈물방울이
이제는 모두 말라
여보 그 눈물을 기억하오
세월은 그렇게 흘러
여기까지 왔는데
인생은 그렇게 흘러
황혼에 기우는데

다시 못 올 그 먼 길을
어찌 혼자 가려 하오
여기 날 홀로 두고
여보 왜 한마디 말이 없소
여보 안녕히 잘 가시게

작사 예민
앨범명 Yemin 2
발매일 1992.07.01
음원 감상

풀잎새 따다가 엮었어요

예쁜 꽃송이도 넣었구요

그대 노을빛에 머리 곱게 물들면

예쁜 꽃모자 씌워주고파

냇가에 고무신 벗어놓고

흐르는 냇물에 발 담그고

언제쯤 그 애가 징검다리를 건널까

하며 가슴은 두근거렸죠

흐르는 냇물 위에

노을이 분홍빛 물들이고

어느새 구름 사이로

저녁달이 빛나고 있네

노을빛 냇물 위에

예쁜 꽃모자 떠가는데

어느 작은 산골 소년의 슬픈 사랑 얘기

송애기: 송아지

몽생이: 망아지

빙애기: 병아리

강생이: 강아지

고넹이: 고양이

생이: 새

돗, 도새기, 돗궤기: 돼지(고기)

바당: 바다

잠녀(좀녀): 해녀

물꾸럭: 문어

점복: 전복

조구: 조기

보말: 바다 고둥류

구쟁기: 소라

모물: 메밀

어욱: 억새

태역: 잔디

지슬(지실): 감자

감저: 고구마

보리콩산 보리콩완: 보리콩 샀다 보리콩 왔다

*제주도에서는 보리콩과 완두콩의 재배 시기가 비슷하여 보리콩=완두콩이라고도 합니다.

독세기: 달걀

보리개역: 보리 미숫가루

비바리: 처녀

넹바리: 결혼한 여자

삼춘: 웃어른을 친근하게 부르는 호칭

괸당: 친척, 가족

어멍/아방: 어머니/아버지

할망/하르방: 할머니/할아버지

오라방: 오빠

똘, 똘내미: 딸

가시아방/가시어멍: 장인, 장모

두가시: 부부

아즈방/아즈망: 아저씨, 아주버니/

아주머니

심방: 무당

식게: 제사

도라꾸: 트럭

기: 그렇지

올케: 여기

무사: 왜

영/경/졍: 한번, 이렇게/그렇게/저

렇게

경해도: 그래도

몬딱: 모두

모다드렁: 모두 다 같이

또배기: 다시

게난, 게메: 그러니까, 그러게요

하영: 많이, 매우

고르다: 좋다

이서/어서: 있어/없어

혼저옵서예: 어서 오세요

고라봅서, 고라줍서: 말해봐요, 말씀해

주세요

어떵햄수광?: 어떻게 할까요?

도르멍 도르멍 옵서: 빨리 빨리 오세요

놀멍 놀멍 봅서: 천천히 보세요

왕 방 갑서: 와서 보고 가세요

하영봅서: 많이 보세요

쉬영갑서: 쉬어 가세요

강옵서: 갔다 오세요

또시 꼭 옵서양: 다시 꼭 오세요

누게 이쑤과?: 누구 있습니까?

옵데강?: 오셨습니까?

좋쑤과?: 좋습니까?

이쑤과?: 있습니까?

햄시냐/감시냐: 하고 있느냐/가느냐

경허지 맙서: 그렇게 하지 마세요

메께라: 어머! 어머나!

거메마씸: 그렇습니다

맛조수다게: 맛있습니다

조들지마라: 걱정하지 마라

와리지마: 서두르지 마

몸냥해: 마음대로 해

오다 봉갔져: 오다 주웠어

너영나영: 너하고 나하고

검질매레: 김매러, 잡초 뽑으러

맨도롱 또똣: 기분 좋게 따뜻한

소랑햄수다: 사랑합니다

잘도 아깝다: 매우 예쁘다

아꾸운(아꼬운): 예쁜, 사랑스러운

요망지다: 야무지고 똑똑하다

지꺼지다: 기뻐하다, 기분이 좋다

숨병: 제주 해녀들에게서 흔히 나타나는 호흡기 관련 질환

숨비소리: 해녀들이 수면 위로 올라와 강하게 내뱉는 호흡 소리

호로록: 빨리

꽈랑꽈랑: 햇볕이 쨍쨍

자락자락: 주렁주렁

펠롱펠롱: 반짝반짝

폭싹 속았수다: 정말 수고 많으셨습니다

폭싹 속았수다

노랫말 필사집

발행일 2025년 6월 20일

발행인 최우진
편집 왕세은
디자인 김세린

발행처 그래서음악(somusic)
출판등록 2020년 6월 11일 제 2020-000060호
주소 (본사) 경기도 성남시 분당구 정자일로 177
　　　(연구소) 서울시 서초구 방배4동 1426
이메일 book@somusic.co.kr

ISBN 979-11-93978-74-0 (03670)